marmiton

SANS Cuisson

100 % certifié fait maison

60 RECETTES
À MANGER TOUTES CRUES

Michel LAFON

Sommaire

RECETTES

POUR COMMENCER

RECETTES

TERRE & MER

RECETTES

LES SALADES

RECETTES

LES SANDWICHS

RECETTES

LES DESSERTS

RECETTES POUR COMMENCER

Gressins mikados

SALÉS DE L'APÉRO

Pour **6 personnes**

Préparation **15 minutes**

Difficulté **Très facile**

Coût **Bon marché**

INGRÉDIENTS

1 paquet de gressins nature lisses

120 g de fromage frais

3 cuil. à soupe de pistaches

3 cuil. à soupe de cacahuètes

Ciboulette

Poivre

L'INDISPENSABLE

1 mortier
ou 1 rouleau à pâtisserie

1. Écrasez le fromage frais avec du poivre.
2. Concassez les pistaches et les cacahuètes dans un mortier. À défaut, mettez-les dans un torchon et écrasez-les au rouleau à pâtisserie.
3. Ciselez de la ciboulette.
4. Étalez du fromage frais en couche fine sur la moitié de la hauteur des gressins, puis parsemez de pistaches, de cacahuètes et/ou de ciboulette.

ASTUCE

Servez sans attendre, car les gressins ramollissent vite et ne sont alors plus présentables.

RECETTE

POUR COMMENCER

Houmous d'artichauts

AUX HARICOTS BLANCS

Pour **4 personnes**

Préparation **15 minutes**

Difficulté **Très facile**

Coût **Bon marché**

INGRÉDIENTS

150 g de fonds d'artichauts en bocal

150 g de haricots blancs en conserve

1 gousse d'ail

50 g de fromage frais

2 cuil. à soupe d'huile d'olive

1 cuil. à soupe de jus de citron

1 pincée de paprika

Persil

Sel, poivre

LES INDISPENSABLES

1 mixeur
1 presse-ail

1. Égouttez et rincez les fonds d'artichauts et les haricots blancs à l'eau froide.
2. Pelez et écrasez l'ail au presse-ail.
3. Mixez tous ces ingrédients avec le fromage frais, le jus de citron, du sel et du poivre.
4. Versez de l'huile en filet jusqu'à obtenir la consistance souhaitée.
5. Déposez le houmous dans une assiette, arrosez d'huile et saupoudrez de paprika.
6. Effeuillez du persil par-dessus et servez aussitôt.

RECETTE

POUR COMMENCER

Rillettes de thon

À LA CIBOULETTE

Pour	Préparation	Réfrigération	Difficulté	Coût
8 personnes	**15 minutes**	**30 minutes**	**Très facile**	**Bon marché**

INGRÉDIENTS

300 g de thon au naturel

2 petits-suisses

2 cuil. à soupe de crème fraîche

1 cuil. à café de moutarde

1 cuil. à soupe de ciboulette ciselée

½ citron

Sel, poivre

1. Pressez le demi-citron.
2. Égouttez le thon et émiettez-le à la fourchette dans un bol.
3. Ajoutez les petits-suisses, la crème et la moutarde, et mélangez.
4. Ajoutez la ciboulette et le jus du citron, et mélangez jusqu'à ce que la texture soit onctueuse.
5. Assaisonnez.
6. Réservez au moins 30 min au frais avant de servir.
7. Accompagnez les rillettes de thon de crackers ou de pain grillé.

RECETTE

POUR COMMENCER

Salmorejo andalou

Pour	Préparation	Difficulté	Coût
4 personnes	**25 minutes**	**Très facile**	**Bon marché**

INGRÉDIENTS

200 g de mie de pain de la veille

1 kg de tomates

2 gousses d'ail

1 cuil. à soupe de vinaigre

10 cl d'huile d'olive

2 tranches de jambon serrano

Sel, poivre

1. Coupez le pain en morceaux et trempez-le dans un bol avec le vinaigre.
2. Pelez les tomates, puis coupez-les en deux et épépinez-les.
3. Pelez et écrasez l'ail au presse-ail.
4. Mixez finement les tomates, le pain imbibé et l'ail avec l'huile. Salez et poivrez.
5. Ajustez la texture en ajoutant au besoin un peu d'eau. La soupe doit néanmoins rester épaisse.
6. Réservez au frais jusqu'au moment de servir.
7. Répartissez la soupe dans des bols et décorez de petits morceaux de jambon.

LES INDISPENSABLES

1 mixeur
1 presse-ail

RECETTE

POUR COMMENCER

Barquettes d'endive
ET HOUMOUS DE BETTERAVE

Pour **6 personnes**

Préparation **20 minutes**

Difficulté **Très facile**

Coût **Bon marché**

INGRÉDIENTS

3 endives

1 grosse betterave rouge

250 g de pois chiches en conserve

1 gousse d'ail

1 citron

1 cuil. à soupe de cerneaux de noix

1 cuil. à soupe de tahin (purée de sésame)

1 cuil. à soupe de crème fraîche

1 pincée de coriandre en poudre

1 pincée de cumin

Huile d'olive

Sel, poivre

LES INDISPENSABLES

1 mixeur
1 presse-ail

1. Lavez et effeuillez les endives. Ne gardez que les plus belles feuilles.
2. Coupez la betterave en gros morceaux.
3. Égouttez et rincez les pois chiches à l'eau froide.
4. Pelez et écrasez l'ail au presse-ail, et pressez le citron.
5. Concassez les cerneaux de noix.
6. Mixez la betterave, les pois chiches, l'ail et le jus du citron avec le tahin, la crème et les épices.
7. Versez de l'huile en filet jusqu'à obtenir la consistance souhaitée. Salez et poivrez.
8. Répartissez délicatement le houmous dans les feuilles d'endive.
9. Décorez des morceaux de noix. Réservez au frais jusqu'au moment de servir.

ASTUCES

Pour un apéro plus léger, versez de l'eau froide à la place de l'huile.

Si vous aimez les textures très lisses, retirez la peau des pois chiches. Pour cela, versez les pois chiches dans un saladier rempli d'eau et frottez-les entre vos mains. Les peaux remonteront à la surface.

Tzatziki

PAR gnofu

Pour	Préparation	Repos	Difficulté	Coût
6 personnes	**10 minutes**	**15 minutes**	**Très facile**	**Bon marché**

INGRÉDIENTS

1 yaourt grec au lait de brebis

1 concombre

1 gousse d'ail

1 bouquet de coriandre

1 bouquet de menthe

4 cuil. à soupe d'huile d'olive

Sel, poivre

LES INDISPENSABLES

1 râpe à gros trous
1 passoire
1 presse-ail

1. Pelez, épépinez et râpez le concombre.
2. Salez légèrement et laissez dégorger 15 min dans une passoire.
3. Pendant ce temps, pelez et écrasez l'ail au presse-ail.
4. Ciselez finement la coriandre et la menthe (réservez-en un brin pour décorer).
5. Dans un saladier, mélangez le concombre, le yaourt, l'ail, les herbes, l'huile, du sel et du poivre.
6. Transvasez le tzatziki dans un bol et décorez d'un brin de menthe.
7. Réservez au frais jusqu'au moment de servir.

ASTUCE
Le tzatziki est excellent aussi avec des petits-suisses ou de la faisselle à la place du yaourt grec.

RECETTE

POUR COMMENCER

Cervelle de canut

PAR anoudot

Pour	Préparation	Réfrigération	Difficulté	Coût
12 personnes	15 minutes	2 à 3 heures	Très facile	Bon marché

INGRÉDIENTS

500 g de faisselle
10 cl de crème fraîche
1 botte de ciboulette
1 bouquet de persil
1 oignon nouveau
2 échalotes
1 ou 2 gousses d'ail
5 cl d'huile d'olive
1 cuil. à soupe de vinaigre
Pain de campagne
Sel, poivre

1. Lavez et ciselez très finement la ciboulette et le persil.
2. Lavez l'oignon nouveau, pelez les échalotes et ciselez finement le tout.
3. Pelez et écrasez l'ail au presse-ail.
4. Dans un saladier, versez la faisselle égouttée (mais pas trop) et la crème.
5. Mélangez énergiquement à la cuillère.
6. Ajoutez les herbes, l'oignon, les échalotes, l'ail, l'huile et le vinaigre.
7. Salez, poivrez généreusement et mélangez.
8. Réservez au moins 2 à 3 h au frais.
9. Accompagnez la faisselle aux herbes de tranches de pain toastées au grille-pain.

LES INDISPENSABLES

1 presse-ail
1 grille-pain

Foie gras sans cuisson

PAR Aldg

Pour	Préparation	Réfrigération	Difficulté	Coût
6 personnes	**10 minutes**	**12 heures**	**Très facile**	**Moyen**

INGRÉDIENTS

1 foie gras entier (soit 40 à 50 g de foie gras cru et dénervé par personne)

15 g de sel

2 g de poivre

Baies rouges

Gros sel

1. La veille, mélangez le sel et le poivre.
2. Frottez bien le foie gras dénervé avec le mélange.
3. Emballez le foie gras bien serré dans du film alimentaire et réservez-le au frais.
4. Le jour même, retirez le film alimentaire.
5. Tranchez le foie gras, puis décorez-le de gros sel et de baies rouges.
6. Servez sans attendre.

ASTUCES

5 g de sel correspondent à 1 cuil. à café rase (prenez du sel fin) et 2 g de poivre à ½ cuil. à café rase.

Le foie gras ainsi préparé peut se conserver au congélateur dans son film alimentaire pendant 6 mois. Décongelez-le au frais.

On peut également frotter le foie gras avec un vin doux, un vin cuit ou un alcool plus fort.

RECETTE

POUR COMMENCER

Soupe glacée
DE CONCOMBRE À LA FETA

Pour	Préparation	Difficulté	Coût
6 personnes	**25 minutes**	**Très facile**	**Bon marché**

INGRÉDIENTS

3 concombres
125 g de feta
2 gousses d'ail
½ citron
Ciboulette
Menthe
Piment d'Espelette
Sel, poivre

LES INDISPENSABLES

1 mixeur
1 presse-ail

1. Pelez et épépinez les concombres, puis coupez-les en morceaux.
2. Émiettez grossièrement la feta.
3. Pelez et écrasez l'ail au presse-ail.
4. Ciselez un peu de ciboulette et de menthe.
5. Déposez tous ces ingrédients dans le bol d'un robot (gardez un peu de feta pour la décoration), pressez le demi-citron puis ajoutez le jus.
6. Mixez jusqu'à obtenir une texture homogène.
7. Salez et poivrez. Réservez au frais.
8. Avant de servir, décorez de la feta réservée, d'un brin de menthe et d'une pincée de piment.

ASTUCE
Cette soupe glacée se sert à l'apéritif dans des verrines ou en entrée.

Tapenade noire

Pour	Préparation	Difficulté	Coût
6 personnes	**15 minutes**	**Très facile**	**Moyen**

INGRÉDIENTS

200 g d'olives noires dénoyautées

3 filets d'anchois à l'huile

1 gousse d'ail

2 cuil. à café de câpres

2 cuil. à soupe de pignons de pin

5 cl d'huile d'olive

L'INDISPENSABLE

1 mixeur

1. Égouttez les filets d'anchois.
2. Rincez-les pour retirer l'excès de sel, puis séchez-les sur du papier absorbant.
3. Pelez l'ail et égouttez les câpres.
4. Mettez les olives, les anchois, l'ail, les câpres et les pignons dans le bol d'un robot.
5. Mixez finement, puis versez l'huile en filet jusqu'à obtenir une texture souple.

ASTUCE
Dégustez la tapenade sur des tranches de pain ou en y trempant des gressins maison, des bâtonnets de carotte, de concombre...

RECETTE

POUR COMMENCER

Gaspacho de tomates
ET DE FRAISES

PAR Agnyess

Pour **4 personnes** | Préparation **15 minutes** | Réfrigération **1 heure** | Difficulté **Très facile** | Coût **Bon marché**

INGRÉDIENTS

500 g de tomates

150 g de fraises bien mûres

10 feuilles de basilic

2 cuil. à café de vinaigre balsamique

Sel, poivre

LES INDISPENSABLES

1 mixeur
4 verrines

1. Pelez les tomates, puis coupez-les en deux et épépinez-les.
2. Lavez les fraises, gardez-en 2 pour la décoration et équeutez les autres.
3. Mixez le tout avec le basilic préalablement lavé.
4. Assaisonnez avec le vinaigre, du sel et du poivre. Goûtez et rectifiez si besoin.
5. Réservez 1 h au frais.
6. Répartissez le gaspacho dans les verrines, puis décorez avec les fraises réservées.

RECETTE

POUR COMMENCER

Houmous d'avocat

AUX POIS CHICHES ET SÉSAME NOIR

Pour	Préparation	Difficulté	Coût
8 personnes	**10 minutes**	**Très facile**	**Bon marché**

INGRÉDIENTS

1 avocat

150 g de pois chiches en conserve

½ citron

2 cuil. à soupe de tahin (purée de sésame)

1 pincée de piment d'Espelette

3 cuil. à soupe d'huile d'olive

Graines de sésame noir et blanc

Persil

Sel

L'INDISPENSABLE

1 mixeur

1. Coupez l'avocat en deux, dénoyautez-le et déposez la chair dans le bol d'un robot.
2. Arrosez de jus de citron.
3. Égouttez et rincez les pois chiches à l'eau froide, puis ajoutez-les (gardez-en un peu pour la décoration).
4. Ajoutez le tahin et le piment.
5. Mixez finement en versant petit à petit de l'huile jusqu'à l'obtention d'une texture onctueuse. Salez.
6. Transvasez le houmous dans un bol et versez un filet d'huile.
7. Décorez avec les pois chiches réservés, du sésame noir et blanc et un brin de persil.
8. Réservez au frais.

ASTUCE

Si vous aimez les textures très lisses, retirez la peau des pois chiches. Pour cela, versez les pois chiches dans un saladier rempli d'eau et frottez-les entre vos mains. Les peaux remonteront à la surface.

Brochettes au fromage
ET À LA VIANDE DES GRISONS

Pour	Préparation	Difficulté	Coût
24 brochettes	**5 minutes**	**Très facile**	**Moyen**

INGRÉDIENTS

120 g de comté

120 g de morbier

12 tranches de viande des Grisons

Cerneaux de noix

1. Coupez le fromage en tranches de 5 mm d'épaisseur, puis dans l'autre sens sur 1 cm de large.
2. Détaillez les tranches de viande de Grisons en deux dans la longueur.
3. Enroulez les bâtonnets de fromage dans la viande des Grisons et maintenez avec une pique en bois.
4. Servez avec quelques cerneaux de noix.

ASTUCES

Présentez vos brochettes sur un lit de salade pour leur donner un aspect champêtre.

Ces brochettes sont très bonnes aussi avec du beaufort, de l'emmental, de l'abondance...

RECETTES

TERRE & MER

RECETTE

TERRE & MER

Carpaccio DE SAINT-JACQUES

PAR *isa*

Pour	Préparation	Réfrigération	Difficulté	Coût
4 personnes	**15 minutes**	**1 heure**	**Facile**	**Moyen**

INGRÉDIENTS

12 noix de saint-jacques fraîches ou surgelées

1 citron vert

2 cuil. à soupe d'huile de noix

1 cuil. à café de miel liquide

Basilic

Coriandre

Baies roses

Sel, poivre

1. Tranchez les noix de saint-jacques en lamelles (si elles sont fraîches, placez-les 10 min au congélateur pour faciliter la découpe).
2. Disposez-les joliment dans les assiettes sur un lit de feuilles de basilic.
3. Pressez le citron vert et préparez une vinaigrette avec le jus du citron, l'huile et le miel. Assaisonnez.
4. Arrosez le carpaccio de vinaigrette et réservez 1 h au frais.
5. Servez en décorant de brins de coriandre et de baies roses.

ASTUCE
Variez les saveurs avec du vinaigre de framboise à la place du jus de citron vert.

RECETTE

TERRE & MER

Tartare de bœuf
AUX ANCHOIS

Pour	Préparation	Réfrigération	Difficulté	Coût
2 personnes	**20 minutes**	**30 minutes**	**Facile**	**Bon marché**

INGRÉDIENTS

400 g de contre-filet ou de bavette de bœuf

4 filets d'anchois à l'huile

1 cuil. à café de moutarde

2 cuil. à soupe de persil ciselé

2 cuil. à soupe d'huile d'olive

1 cuil. à soupe d'oignon blanc ciselé

1 cuil. à soupe d'échalote ciselée

1 cuil. à soupe de câpres hachées

1 cuil. à soupe de ketchup

2 cuil. à café de mayonnaise

1 cuil. à café de sauce soja sucrée

1 goutte de Tabasco

Sel, poivre

L'INDISPENSABLE

1 emporte-pièce

1. Hachez finement la viande avec un grand couteau.
2. Égouttez les filets d'anchois.
3. Rincez-les pour retirer l'excès de sel, puis séchez-les sur du papier absorbant.
4. Hachez-les aussi finement.
5. Mélangez tous les ingrédients dans un saladier.
6. Salez, poivrez et réservez 30 min au frais.
7. Pour une belle présentation, déposez l'emporte-pièce huilé dans une assiette et tassez le tartare dedans avec le dos d'une cuillère avant de le retirer.
8. Recommencez pour la seconde assiette.
9. Accompagnez les tartares de divers condiments (gros sel, poivre concassé…).

ASTUCES

Le tartare doit être très relevé. Ajoutez le Tabasco, très piquant, selon votre goût.

Vous pouvez utiliser directement du steak haché maigre.

RECETTE

TERRE & MER

Ceviche de daurade

AU THÉ MATCHA

Pour	Préparation	Congélation	Réfrigération	Difficulté	Coût
4 personnes	30 minutes	10 minutes	15 minutes	Très facile	Moyen

INGRÉDIENTS

600 g de filets de daurade extra-frais

1 cuil. à café de thé matcha

6 citrons verts

1 gousse d'ail

Huile d'olive

Sel, poivre

1. Placez le poisson 10 min au congélateur pour faciliter la découpe.
2. Pendant ce temps, lavez et zestez 1 citron vert avec un Économe.
3. Pressez tous les citrons et ciselez l'ail.
4. Sortez les filets de daurade et coupez-les très finement en tranches.
5. Déposez-les dans les assiettes, salez et poivrez.
6. Arrosez de jus de citron et d'un filet d'huile.
7. Répartissez l'ail. Parsemez de thé matcha et de zestes de citron vert.
8. Réservez 15 min au frais avant de servir.

RECETTE

TERRE & MER

Carpaccio de veau, ROQUETTE ET PARMESAN

Pour	Préparation	Congélation	Réfrigération	Difficulté	Coût
4 personnes	15 minutes	30 minutes	2 heures	Très facile	Moyen

INGRÉDIENTS

400 g de filet de veau

1 citron

1 poignée de roquette

100 g de parmesan

4 cuil. à soupe d'huile d'olive

Fleur de sel, poivre

1. Placez la viande 30 min au congélateur pour faciliter la découpe.
2. Sortez-la et détaillez-la en tranches très fines.
3. Pressez le citron et mélangez le jus à l'huile.
4. Répartissez les tranches de veau dans des assiettes. Arrosez du mélange jus de citron-huile.
5. Étalez le mélange sur la viande avec le dos d'une cuillère.
6. Assaisonnez et réservez 2 h au frais.
7. Lavez la roquette et, au moment de servir, répartissez-la dans les assiettes.
8. Râpez au-dessus des copeaux de parmesan avec un Économe et servez.

OIL

RECETTE

TERRE & MER

Tartare d'avocat

AU CRABE

Pour **2 personnes**

Préparation **15 minutes**

Difficulté **Très facile**

Coût **Bon marché**

INGRÉDIENTS

170 g de crabe en conserve

1 avocat

½ cuil. à soupe de mayonnaise

1 citron

Jeunes pousses de salade

Sel, poivre

L'INDISPENSABLE

1 emporte-pièce

1. Mélangez la chair de crabe émiettée avec la mayonnaise, du sel et du poivre.
2. Pelez l'avocat, dénoyautez-le et coupez la chair en petits dés.
3. Pressez le citron, arrosez les dés d'avocat avec le jus et mélangez bien.
4. Pour une belle présentation, déposez l'emporte-pièce huilé dans une assiette, remplissez-le d'un peu d'avocat, de la moitié du crabe, puis de nouveau d'avocat.
5. Retirez l'emporte-pièce et recommencez pour la seconde assiette.
6. Décorez les tartares de pousses de salade avant de servir.

ASTUCE

Pour une entrée plus simple, remplacez le crabe par des miettes de surimi.

RECETTE

TERRE & MER

Tartare de bœuf

AUX TOMATES CONFITES

Pour
4 personnes

Préparation
15 minutes

Difficulté
Très facile

Coût
Moyen

INGRÉDIENTS

400 g de contre-filet ou de bavette de bœuf

20 tomates cerise confites à l'huile

2 cuil. à soupe de câpres

1 bouquet de basilic

1 jaune d'œuf

1 cuil. à soupe de jus de citron

1 cuil. à café de moutarde

2 cuil. à soupe d'huile d'olive

100 g de parmesan

Sel, poivre

1. Coupez 16 tomates cerise confites en deux et gardez-les pour la décoration.
2. Détaillez le reste des tomates en petits dés.
3. Égouttez les câpres et hachez-les.
4. Réservez quelques feuilles de basilic et ciselez finement le reste.
5. Hachez finement la viande avec un grand couteau.
6. Dans un saladier, mélangez-la avec les dés de tomates, les câpres, le basilic, le jaune d'œuf, le jus de citron et la moutarde.
7. Salez, poivrez, versez l'huile et mélangez.
8. Formez 8 steaks avec la préparation.
9. Dans chaque assiette, déposez un steak et râpez au-dessus quelques copeaux de parmesan avec un Économe.
10. Recouvrez d'un autre steak et décorez des tomates cerise confites réservées, de feuilles de basilic et de copeaux de parmesan.

RECETTE

TERRE & MER

Ceviche de daurade

AUX AGRUMES ET CORIANDRE CITRON

Pour	Préparation	Congélation	Réfrigération	Difficulté	Coût
2 personnes	**20 minutes**	**10 minutes**	**20 minutes**	**Très facile**	**Moyen**

INGRÉDIENTS

300 g de filets de daurade extra-frais

1 pamplemousse

1 citron jaune

1 citron vert

1 cuil. à soupe d'huile d'olive

1 pincée de piment de Cayenne

2 cuil. à café de graines de coriandre citron

Persil

Sel

1. Placez le poisson 10 min au congélateur pour faciliter la découpe.
2. Pendant ce temps, prélevez les quartiers de pamplemousse et coupez-les en deux.
3. Lavez les citrons, zestez-les et pressez-les.
4. Effeuillez du persil.
5. Sortez les filets de daurade et coupez-les très finement en tranches.
6. Déposez le poisson dans un saladier et versez les jus de citron et l'huile dessus.
7. Mélangez, couvrez d'un film alimentaire et réservez 20 min au frais.
8. Ajoutez le pamplemousse au poisson et répartissez le ceviche dans les assiettes.
9. Assaisonnez avec le piment et du sel.
10. Décorez de zestes de citron, de graines de coriandre citron et de persil.
11. Servez sans attendre.

ASTUCE

Si vous ne trouvez pas de coriandre citron (une variété très parfumée à grosses graines), utilisez une pincée de coriandre en poudre.

Tartare de thon
À LA MANGUE

Pour	Préparation	Congélation	Difficulté	Coût
4 personnes	**20 minutes**	**10 minutes**	**Très facile**	**Moyen**

INGRÉDIENTS

600 g de pavé de thon blanc extra-frais

1 mangue bien mûre

1 oignon nouveau

1 piment rouge

4 cuil. à soupe d'huile d'olive

Persil

Jeunes pousses de salade

Graines de sésame blanc

Sel, poivre

1. Placez le poisson 10 min au congélateur pour faciliter la découpe.
2. Pendant ce temps, pelez la mangue et taillez-la en cubes de 1 cm de côté.
3. Ciselez finement le blanc de l'oignon.
4. Ciselez le piment après l'avoir épépiné.
5. Effeuillez du persil. Lavez les pousses de salade.
6. Sortez le pavé de thon et taillez-le en cubes de même taille.
7. Dans un saladier, déposez le thon et la mangue.
8. Salez, poivrez, versez l'huile et mélangez bien.
9. Répartissez le ceviche dans les assiettes et de la salade sur le dessus.
10. Parsemez d'oignon, de piment, de persil et de sésame.
11. Servez sans attendre.

Ceviche de gambas

SUR AVOCAT

Pour	Préparation	Réfrigération	Difficulté	Coût
4 personnes	**25 minutes**	**1 heure**	**Très facile**	**Moyen**

INGRÉDIENTS

400 g de gambas cuites surgelées
2 avocats
2 citrons verts
1 orange
2 tomates
1 courgette
4 gros radis
¼ d'oignon rouge
Basilic
Sel, poivre

LES INDISPENSABLES

1 râpe
1 mandoline

1. Laissez décongeler les gambas, puis décortiquez-les ; enlevez le boyau gris au couteau en pratiquant une petite incision.
2. Coupez les gambas en morceaux et déposez-les dans un saladier.
3. Lavez et zestez finement 1 citron vert et l'orange avec la râpe.
4. Pressez les citrons et versez le jus sur les gambas. Ajoutez les zestes.
5. Lavez les tomates, coupez-les en deux et épépinez-les. Coupez-les en dés ainsi que la courgette préalablement lavée.
6. Lavez les radis et détaillez-les finement à la mandoline. Faites de même avec l'oignon rouge.
7. Ajoutez les légumes aux gambas. Salez et poivrez.
8. Couvrez d'un film alimentaire et réservez 1 h au frais.
9. Au moment de servir, coupez les avocats en deux, dénoyautez-les et pelez-les.
10. Déposez une moitié d'avocat par assiette et déposez du ceviche de gambas dans le creux.
11. Décorez de basilic et servez aussitôt.

RECETTE

TERRE & MER

Tartare de saumon,

CREVETTES ET MANGUE

Pour	Préparation	Marinade	Difficulté	Coût
4 personnes	**1 heure**	**6 heures**	**Facile**	**Moyen**

INGRÉDIENTS

150 g de saumon extra-frais

150 g de crevettes roses décortiquées

1 mangue fraîche bien mûre ou surgelée

1 cm de gingembre

2 citrons

1 concombre

Ciboulette

Huile d'olive

Sel, poivre

L'INDISPENSABLE

1 passoire

1. Coupez le saumon et les crevettes en petits dés. Déposez-les dans un petit saladier.
2. Émincez le gingembre (vous pouvez aussi le râper) et ajoutez-le.
3. Pressez les citrons et versez le jus sur le poisson et les crevettes. Remuez pour bien les en enrober.
4. Ajoutez de l'huile. La marinade doit bien recouvrir les ingrédients.
5. Couvrez d'un film alimentaire et réservez au moins 6 h au frais pour que le jus de citron cuise le saumon.
6. Environ 30 min avant de servir, égouttez le poisson et les crevettes dans une passoire.
7. Coupez la mangue en petits dés, ajoutez-les au poisson et aux crevettes avec de la ciboulette finement ciselée, et mélangez le tout dans un bol.
8. Lavez le concombre, puis, avec un Économe, détachez 4 lamelles dans la longueur (laissez la première de chaque côté, là où il n'y a que de la peau).
9. Dans les assiettes, faites un cercle avec les lamelles de concombre et garnissez avec le tartare.
10. Assaisonnez et servez.

ASTUCE

Vous pouvez vous aider d'un emporte-pièce rond pour le montage du tartare.

Carpaccio de truite

Pour
6 personnes

Préparation
20 minutes

Réfrigération
3 heures

Difficulté
Très facile

Coût
Bon marché

INGRÉDIENTS

1 truite d'eau douce de 1,5 kg

2 citrons

1 cuil. à soupe d'huile d'olive

1 cuil. à café de graines de coriandre

Persil

Sel, poivre

L'INDISPENSABLE

1 pince

1. Levez les filets de la truite, puis retirez les arêtes avec la pince.
2. Avec un grand couteau bien aiguisé, taillez de fines tranches de poisson.
3. Déposez-les au fur et à mesure dans un plat.
4. Lavez et zestez 1 citron, et pressez les fruits.
5. Arrosez la truite de jus de citron et d'huile. Assaisonnez.
6. Couvrez d'un film alimentaire et réservez 3 h au frais.
7. Au moment de servir, parsemez de zestes de citron, de graines de coriandre et de persil.

Tartare de saumon

ET SAINT-JACQUES AUX HERBES FRAÎCHES

Pour	Préparation	Congélation	Difficulté	Coût
4 personnes	**25 minutes**	**10 minutes**	**Moyenne**	**Très cher**

INGRÉDIENTS

400 g de saumon extra-frais

200 g de noix de saint-jacques

6 huîtres

1 citron

Persil, cerfeuil, basilic, menthe, aneth

Huile d'olive

Baies roses

Fleur de sel, poivre

L'INDISPENSABLE

1 emporte-pièce

1. Placez le poisson et les coquillages 10 min au congélateur pour faciliter la découpe.
2. Pendant ce temps, prenez un peu de chaque herbe (sauf l'aneth) et ciselez-les dans un bol.
3. Sortez le saumon et les saint-jacques, puis coupez-les en dés.
4. Mélangez-les dans un saladier avec 1 cuil. à soupe d'huile et salez. Réservez au frais.
5. Pressez le citron et préparez une vinaigrette avec le jus du citron, de l'huile, de la fleur de sel, du poivre et des brins d'aneth.
6. Écalez les huîtres, coupez-les en deux et mélangez-les avec la vinaigrette.
7. Dans une assiette blanche, déposez l'emporte-pièce huilé, tassez un peu de tartare dedans, puis ajoutez des herbes ciselées et des huîtres avec leur vinaigrette. Décorez de baies roses.
8. Retirez l'emporte-pièce et recommencez pour les autres assiettes. Servez aussitôt.

ASTUCE

Pour une belle présentation, réalisez 3 coulis de poivrons. Lavez 3 poivrons (un de chaque couleur). Coupez l'un des poivrons en deux, épépinez-le et mixez-le avant de passer le coulis au chinois. Recommencez pour les 2 autres poivrons. Utilisez une poche à douille pour pocher.

Tu cuis ou tu cuis pas ?

Pour faire simple : ce qui est cru n'est pas cuit, et donc pas transformé. Alors manger cru, c'est préserver le capital micronutritionnel des aliments. Dès lors, faites vôtre ce mantra simple : quand tu peux, tu cuis pas !

À CORPS ET À CRU

Premier point, et non des moindres, notre organisme ne reconnaît pas les molécules transformées par la cuisson. Si nous commençons nos repas par ces dernières, notre corps se défend, ce qui peut engendrer des troubles digestifs et de la fatigue. C'est pourquoi les entrées sont si souvent composées de crudités… Consommées en début de repas, elles évitent à notre système immunitaire de déclencher l'alarme et favorisent la bonne absorption à venir des aliments cuits en préparant le terrain !

100 % VITAMINÉ

Saviez-vous que les vitamines résistent mal à la chaleur ? Dès 60 °C, la vitamine C disparaît. Aïe ! Autour de 95 °C : vitamines B1, B9 et E, adieu ! À 110 °C, bye-bye les vitamines A et D… Si les enfants, que vous forcez à manger des légumes – adultes indignes ! – cuits, et pas à la vapeur – la meilleure cuisson pour la conservation des nutriments –, l'apprennent, on vous souhaite bonne chance…

AU BON GRAS

Du côté des minéraux et des acides gras, ce n'est pas beaucoup mieux : ils sont solubles dans les matières grasses et les eaux de cuisson. En outre, quand ils sont chauffés, certains corps gras peuvent produire des substances cancérigènes. C'est le cas du beurre quand il roussit trop longtemps. Mais aussi de toutes les huiles dites « instables » : colza, soja, noix et lin... Moralité ? À déguster, oui, mais après cuisson, non !

VIVE L'ALTERNANCE !

Cru, cuit... Et si, finalement, on ne choisissait pas ? Car dans chaque mode de préparation il y a du bon. La preuve avec quelques exemples.

Les légumes à feuilles

Blette, endive, salade... La cuisson augmente notamment la disponibilité du fer et du calcium, ce qui les rend plus facilement assimilables par notre organisme. En revanche, elle diminue la teneur en acide folique et en vitamine C. Alors, cru ou cuit ? Les deux, mon capitaine !

Le brocoli

Avant toute chose, notons que sa cuisson facilite sa digestion. Intestins sensibles, abstenez-vous donc de zapper cette étape – toujours à la vapeur, bien sûr, pour conserver un maximum de nutriments. Les autres, sachez que le brocoli contient du sulforaphane, lequel aide notamment à prévenir les cancers, les maladies cardiaques, l'inflammation et la dépression. Rien que ça. Détail qui a son importance : notre corps l'absorbe mieux quand nous le consommons cru. À bon entendeur, salut ! Alors, cru ou cuit ? Les deux, mon capitaine !

Tomate et carotte

Tomate et carotte sont dans un bouillon. Les vitamines tombent à l'eau. Qu'est-ce qui reste ? Le lycopène et le bêta-carotène ! Eh oui, la quantité de ces antioxydants augmente à la cuisson. Qui l'eût cru ?

RECETTES

LES SALADES

Salade de tomates, BURRATA ET JAMBON CRU

Pour **4 personnes**

Préparation **15 minutes**

Difficulté **Facile**

Coût **Moyen**

INGRÉDIENTS

10 tomates vertes (green zebra)

2 gousses d'ail

4 tranches de pain

4 poignées de roquette

2 boules de burrata

2 poignées d'olives vertes

4 tranches de jambon cru

Pour la vinaigrette au citron :

1 citron

4 cuil. à soupe d'huile d'olive

1 branche de thym effeuillée

Sel, poivre

1. Préparez la vinaigrette au citron : coupez le citron en deux et pressez-le. Dans un bol, mélangez le jus du citron avec l'huile d'olive. Salez, poivrez et ajoutez le thym. Filmez le bol et réservez au frais.
2. Lavez les tomates et coupez-les en deux. Lavez la roquette.
3. Pelez les gousses d'ail et coupez-les en deux.
4. Faites griller les tranches de pain au grille-pain, puis frottez-les avec les gousses d'ail.
5. Répartissez sur les assiettes la roquette, les tomates, les boules de burrata coupées en deux, les olives et le jambon déchiré en lanières.
6. Arrosez avec un filet de vinaigrette au citron et servez avec les toasts aillés.

L'INDISPENSABLE

1 grille-pain

Salade croquante

SUCRÉE-SALÉE AUX ENDIVES ET À LA POMME

Pour **4 personnes**

Préparation **20 minutes**

Difficulté **Très facile**

Coût **Bon marché**

INGRÉDIENTS

2 endives

1 pomme rouge

¼ de chou blanc

¼ de chou rouge

1 branche de céleri

50 g de cerneaux de noix

20 g de raisins blonds

Pour la sauce blanche :

4 cuil. à soupe d'huile d'olive

2 cuil. à soupe de fromage blanc

1 cuil. à café de moutarde

Sel, poivre

1. Lavez et effeuillez les endives.
2. Lavez la pomme et coupez-la en fines tranches à la mandoline, sans l'éplucher, dans la hauteur.
3. Lavez et émincez les choux.
4. Ciselez les feuilles du céleri.
5. Concassez les noix.
6. Préparez la sauce blanche en mélangeant l'huile, le fromage blanc et la moutarde. Assaisonnez.
7. Répartissez tous les ingrédients dans les assiettes et arrosez de sauce blanche.

L'INDISPENSABLE

1 mandoline

Salade de pastèque, TOMATES ET FETA

Pour **4 personnes**

Préparation **15 minutes**

Difficulté **Très facile**

Coût **Bon marché**

INGRÉDIENTS

1 petite pastèque bien fraîche

400 g de tomates cerise

100 g de feta

1 oignon rouge

1 bouquet de basilic

Huile d'olive

Sel, poivre

1. Coupez la chair de la pastèque en gros dés.
2. Lavez les tomates cerise, puis coupez-les en deux.
3. Émiettez la feta à la fourchette.
4. Pelez et émincez l'oignon rouge.
5. Lavez et ciselez les feuilles de basilic.
6. Dans un saladier, mélangez la pastèque, les tomates, la feta, l'oignon rouge et le basilic.
7. Arrosez généreusement d'huile d'olive, salez et poivrez.

ASTUCE

Pour un peu plus de vert dans la salade, vous pouvez ajouter quelques feuilles de laitue ciselées. N'hésitez pas à choisir aussi des tomates de couleurs et de formes variées !

Salade de crevettes

AU CONCOMBRE ET AUX RADIS

Pour
4 personnes

Préparation
20 minutes

Difficulté
Très facile

Coût
Bon marché

INGRÉDIENTS

300 g de crevettes roses

1 concombre

1 botte de radis

1 tige d'oignon cébette

Piment d'Espelette

Pour la sauce :

2 yaourts brassés

1 citron vert

Sel

1. Décortiquez les crevettes et coupez-les en morceaux.
2. Épluchez partiellement le concombre et lavez les radis, puis coupez-les en très fines tranches à la mandoline.
3. Ciselez la tige verte de l'oignon cébette.
4. Mélangez le tout dans un saladier et réservez au frais.
5. Au moment de servir, pressez le citron vert et préparez la sauce en mélangeant les yaourts avec le jus du citron. Salez.
6. Servez dans les assiettes. Saupoudrez de piment d'Espelette et laissez la sauce à disposition.

L'INDISPENSABLE

1 mandoline

Le vrai taboulé
LIBANAIS

Pour	Préparation	Trempage	Difficulté	Coût
4 personnes	**25 minutes**	**15 minutes**	**Facile**	**Bon marché**

INGRÉDIENTS

1 poignée de boulgour brun moyen

2 bouquets de persil plat

1 bouquet de menthe fraîche

1 botte d'oignons verts (cébettes)

4 tomates fermes

1 citron

3 cuil. à soupe d'huile d'olive

2 pincées de sel

1. Plongez le boulgour dans un bol d'eau et laissez-le ramollir pendant 15 min.
2. Effeuillez le persil et hachez-le au couteau ou aux ciseaux.
3. Répétez l'opération avec la menthe : vous devez obtenir des morceaux de feuille de 1 cm de long environ.
4. Lavez et émincez les oignons verts.
5. Lavez et coupez les tomates en petits dés.
6. Lorsque le boulgour n'est plus croquant, égouttez-le et pressez-le entre vos mains pour bien l'essorer.
7. Mélangez le boulgour, le persil, la menthe, les oignons et les tomates dans un saladier.
8. Pressez le citron et versez son jus dans le saladier.
9. Salez et versez l'huile d'olive : le taboulé doit être brillant.

Panzanella

PAR Mamy Nova

Pour	Préparation	Réfrigération	Difficulté	Coût
6 personnes	**15 minutes**	**20 minutes**	**Très facile**	**Bon marché**

INGRÉDIENTS

1 kg de tomates cerise

2 poivrons jaunes ou orange

2 oignons rouges

1 concombre

200 g de pain de campagne rassis et légèrement doré au grille-pain

1 branche de basilic frais

4 cuil. à soupe d'huile d'olive

1 cuil. à soupe de vinaigre balsamique

Sel

1. Lavez les tomates, puis coupez-les en deux.
2. Lavez les poivrons, coupez-les en deux, épépinez-les et enlevez la membrane blanche, puis coupez la chair en petits dés.
3. Pelez et coupez les oignons en fines lamelles.
4. Lavez le concombre, coupez-le en deux dans le sens de la longueur, épépinez-le puis coupez-le en fines tranches.
5. Coupez le pain grillé en morceaux.
6. Mélangez les tomates, les poivrons, les oignons et le concombre dans un saladier.
7. Ajoutez le pain grillé coupé en morceaux et du basilic ciselé.
8. Salez la salade, arrosez avec l'huile d'olive et le vinaigre, et mélangez le tout délicatement.
9. Laissez reposer la *panzanella* 20 min au frais puis servez.

L'INDISPENSABLE

1 grille-pain

RECETTE

LES SALADES

Salade de fenouil AUX POMMES

Pour
4 personnes

Préparation
20 minutes

Difficulté
Très facile

Coût
Bon marché

INGRÉDIENTS

2 bulbes de fenouil

2 pommes rouges

100 g de fruits secs (amandes...)

Pour la vinaigrette :

3 cuil. à soupe d'huile d'olive

2 cuil. à soupe de vinaigre

1 cuil. à café de miel liquide

Sel, poivre

1. Enlevez les feuilles abîmées des fenouils et les extrémités (gardez des pluches). Lavez le reste des fenouils.
2. Détaillez-les en grosses tranches, puis en bâtonnets.
3. Lavez les pommes, coupez-les en deux et épépinez-les.
4. Tranchez-les, puis coupez-les en bâtonnets.
5. Déposez le tout dans un grand saladier avec les fruits secs.
6. Préparez la vinaigrette en mélangeant l'huile, le vinaigre et le miel. Assaisonnez.
7. Répartissez la salade dans les assiettes et décorez avec les pluches de fenouil.
8. Servez avec la vinaigrette à disposition.

Salade de bœuf À LA CITRONNELLE

Pour	Préparation	Marinade	Difficulté	Coût
6 personnes	30 minutes	6 heures	Très facile	Moyen

INGRÉDIENTS

600 g de bœuf (rumsteck ou autre morceau tendre)
200 g de jeunes pousses d'épinards
200 g de tomates cerise noires
½ concombre
½ oignon rouge
1 petit piment rouge
Persil

Pour la marinade :
2 gousses d'ail
2 tiges de citronnelle
2 citrons verts

Pour la sauce :
4 cuil. à soupe de sauce nuoc-mâm
2 cuil. à soupe de jus de citron vert
1 cuil. à soupe de vinaigre de riz
1 cuil. à café de sucre

1. Émincez la viande en très fines lamelles.
2. Préparez la marinade : pelez et pilez l'ail, émincez la citronnelle, lavez et zestez les citrons, et pressez-les.
3. Mélangez et laissez mariner la viande au moins 6 h au frais en la retournant de temps en temps.
4. Environ 20 min avant de servir, lavez et coupez les tomates cerise en deux.
5. Lavez le concombre et le piment. Émincez-les, ainsi que l'oignon.
6. Préparez la sauce en mélangeant tous les ingrédients.
7. Lavez les pousses d'épinards, mélangez la viande et sa marinade avec tous les légumes.
8. Répartissez la salade dans les assiettes. Parsemez de persil ciselé et servez aussitôt avec la sauce à disposition.

Salade d'automne

PAR Chris

Pour
4 personnes

Préparation
25 à 30 minutes

Difficulté
Très facile

Coût
Bon marché

INGRÉDIENTS

100 g de mesclun

200 g de champignons de Paris en boîte

2 échalotes

50 g de noix décortiquées

200 g de raisin blanc

150 g de fromage de chèvre ou de feta

10 olives noires dénoyautées

Pour la vinaigrette :

4 cuil. à soupe d'huile d'olive

2 cuil. à soupe d'huile de noix

2 cuil. à soupe de vinaigre

1 cuil. à soupe de sherry

1 cuil. à café de miel liquide

2 cuil. à soupe de persil haché

Sel, poivre

1. Lavez et essorez le mesclun.
2. Nettoyez les champignons.
3. Pelez et émincez les échalotes.
4. Hachez grossièrement les noix.
5. Lavez et égrainez le raisin. Coupez les grains en deux.
6. Coupez le fromage de chèvre en cubes.
7. Découpez les olives en rondelles.
8. Préparez la vinaigrette en mélangeant tous les ingrédients dans un bol. Ajoutez-y les échalotes.
9. Versez la vinaigrette sur les champignons, ajoutez les autres ingrédients sauf le mesclun et mélangez.
10. Disposez le mesclun dans un grand saladier ou directement sur les assiettes, ajoutez le mélange précédent et servez.

Salade vitaminée

AU PAMPLEMOUSSE ET RADIS ROSES

Pour
4 personnes

Préparation
25 minutes

Difficulté
Très facile

Coût
Bon marché

INGRÉDIENTS

1 chicorée

1 pamplemousse

1 botte de radis

200 g de chou-fleur

1 poignée de jeunes pousses d'épinards

100 g de feta

50 g de graines de tournesol

Pour la sauce :

2 cuil. à soupe d'huile de colza

1 cuil. à soupe de sauce bourguignonne

1 cuil. à soupe de vinaigre

Sel, poivre

1. Lavez et effeuillez la chicorée.
2. Prélevez les quartiers de pamplemousse et coupez-les en deux.
3. Lavez et coupez les radis en fines tranches.
4. Rincez et séparez les bouquets du chou-fleur.
5. Lavez les pousses d'épinards.
6. Mélangez le tout dans un plat.
7. Parsemez de feta émiettée et de graines de tournesol.
8. Préparez la sauce en mélangeant tous les ingrédients.
9. Assaisonnez et réservez au frais. Versez la sauce au moment de servir.

Coleslaw facile

Pour	Préparation	Difficulté	Coût
4 personnes	**20 minutes**	**Très facile**	**Bon marché**

INGRÉDIENTS

2 carottes

400 g de chou blanc

Pour la sauce :

100 g de fromage blanc

50 g de mayonnaise

1 ½ cuil. à soupe de vinaigre de cidre

Sucre

Sel, poivre

1. Épluchez et râpez les carottes dans un saladier.
2. Lavez et râpez le chou. Ajoutez-le.
3. Préparez la sauce : mélangez le fromage blanc et la mayonnaise, puis ajoutez le vinaigre, du sel, du sucre et du poivre.
4. Versez dans le saladier et mélangez bien.
5. Réservez au frais jusqu'au moment de servir.

ASTUCES

Le coleslaw est encore meilleur préparé la veille.

On peut ajouter des raisins secs et une pomme verte râpée.

L'INDISPENSABLE

1 râpe à gros trous

Salade grecque

Pour	Préparation	Difficulté	Coût
4 personnes	15 minutes	Très facile	Bon marché

INGRÉDIENTS

10 tomates cerise

½ concombre

½ oignon rouge

150 g de feta

20 grosses olives noires

Basilic frais

Pour la sauce :

1 citron

4 cuil. à soupe d'huile d'olive

1 cuil. à café d'origan

Sel, poivre

1. Lavez et coupez les tomates en quartiers.
2. Lavez et coupez le concombre en deux dans la longueur, puis en demi-rondelles.
3. Pelez et émincez l'oignon.
4. Coupez la feta en cubes.
5. Dans un saladier, rassemblez le tout. Ajoutez les olives et mélangez délicatement.
6. Préparez la sauce : lavez le citron, râpez le zeste et pressez le fruit.
7. Mélangez le jus et le zeste de citron avec l'huile d'olive, l'origan, du sel et du poivre.
8. Servez avec quelques feuilles de basilic et la sauce à part.

ASTUCE

Ajoutez du poivron vert ou rouge pour encore plus de vitamines, et de la salade verte pour un plat plus copieux !

Salade de pois chiches,

THON ET OIGNON ROUGE

Pour
4 personnes

Préparation
15 minutes

Difficulté
Très facile

Coût
Bon marché

INGRÉDIENTS

500 g de pois chiches en conserve

150 g de thon au naturel

½ oignon rouge

1 bouquet de persil

1 botte de ciboulette

Pour la vinaigrette :

3 cuil. à soupe d'huile d'olive

2 cuil. à soupe de vinaigre

1 cuil. à café de cumin

Sel, poivre

1. Égouttez et rincez les pois chiches à l'eau froide.
2. Émiettez grossièrement le thon.
3. Ciselez l'oignon rouge en tout petits dés.
4. Lavez les herbes et ciselez-les très finement.
5. Préparez la vinaigrette en mélangeant l'huile, le vinaigre et le cumin. Assaisonnez.
6. Déposez les pois chiches, l'oignon et les herbes dans un saladier. Versez la vinaigrette et remuez.
7. Servez la salade dans les assiettes, puis répartissez le thon.

Tomates-mozzarella
AUX FIGUES FRAÎCHES

PAR zyzomyz

Pour
4 personnes

Préparation
10 minutes

Difficulté
Très facile

Coût
Bon marché

INGRÉDIENTS

1 kg de petites tomates rouges et vertes

6 figues fraîches

200 g de mozzarella

Quelques feuilles de basilic ou de menthe

Huile d'olive

Sel, poivre

1. Lavez et coupez les tomates en quartiers.
2. Lavez les figues, puis coupez-les également en quartiers.
3. Détaillez la mozzarella en morceaux.
4. Mélangez tous les ingrédients dans un saladier ou directement sur les assiettes.
5. Salez, poivrez, nappez d'huile d'olive et ajoutez quelques feuilles de basilic ou de menthe.

ASTUCE
Pour gagner du temps, vous pouvez utiliser des billes de mozzarella plutôt que de la mozzarella à découper.

Salade estivale AU BOULGOUR

Pour	Préparation	Trempage	Réfrigération	Difficulté	Coût
6 personnes	**20 minutes**	**1 heure à 1 h 30**	**2 heures**	**Facile**	**Bon marché**

INGRÉDIENTS

200 g de boulgour

4 tomates fermes

½ poivron jaune

4 oignons blancs

1 bouquet de persil

½ **bouquet** de menthe

50 g de raisins secs

Pour la vinaigrette :

6 cuil. à soupe d'huile d'olive

1 citron

Sel, poivre

1. Déposez le boulgour dans un saladier.
2. Versez de l'eau froide à hauteur (15 cl environ) et laissez gonfler 1 h à 1 h 30. Les grains doivent rester un peu fermes.
3. Lavez les tomates, coupez-les en deux, épépinez-les, puis détaillez-les en petits dés.
4. Lavez le poivron, épépinez-le et coupez-le aussi en petits dés.
5. Ciselez très finement les oignons blancs avec un peu de tige verte ainsi que les herbes.
6. Versez le boulgour dans une passoire, laissez-le s'égoutter, puis essorez-le avec les doigts pour enlever l'excédent d'eau.
7. Déposez-le dans un plat et ajoutez les légumes, les herbes et les raisins secs.
8. Pressez le citron et préparez la vinaigrette en mélangeant l'huile et le jus du citron. Assaisonnez.
9. Versez la vinaigrette sur le boulgour, mélangez et laissez macérer 2 h au frais avant de servir.

ASTUCE
Dans cette recette, la semoule de couscous moyen peut remplacer le boulgour.

Salade de roquette, FRAISES ET FETA

Pour	Préparation	Difficulté	Coût
2 personnes	**15 minutes**	**Très facile**	**Bon marché**

INGRÉDIENTS

12 fraises
100 g de roquette
8 tomates cerise
60 g de feta
1 avocat

Pour la vinaigrette :
1 cuil. à café de moutarde
1 cuil. à soupe de vinaigre balsamique
3 cuil. à soupe d'huile neutre
Sel, poivre

1. Lavez et équeutez les fraises, puis coupez-les en deux.
2. Lavez et essorez la roquette.
3. Lavez et coupez les tomates cerise en deux.
4. Émiettez la feta à la fourchette.
5. Préparez la vinaigrette : mélangez la moutarde et le vinaigre, puis ajoutez l'huile. Salez, poivrez et mélangez bien.
6. Coupez l'avocat en deux, ôtez le noyau et prélevez la chair avec une cuillère à soupe. Détaillez-la en lamelles.
7. Disposez les fraises, les tomates cerise, l'avocat et la feta sur les assiettes. Arrosez de vinaigrette à votre convenance et répartissez la roquette par-dessus.

Rouleaux de printemps

AUX CREVETTES

Pour	Préparation	Trempage	Difficulté	Coût
6 personnes	**30 minutes**	**17 minutes**	**Facile**	**Moyen**

INGRÉDIENTS

12 galettes de riz rondes

24 crevettes roses

100 g de vermicelles de soja

2 carottes

1 radis noir

1 poignée de germes de soja

½ bouquet de coriandre

½ bouquet de menthe

Sauce pour rouleaux de printemps

L'INDISPENSABLE

1 bouilloire

1. Faites ramollir les galettes de riz une à une environ 1 min dans de l'eau très chaude. Sortez-les et posez-les sur une planche.
2. Versez de l'eau bouillante sur les vermicelles, couvrez et laissez gonfler 5 min, jusqu'à ce qu'ils soient mous. Égouttez-les.
3. Décortiquez les crevettes.
4. Épluchez et coupez les carottes et le radis noir en fins bâtonnets. Rincez les germes de soja.
5. Lavez et effeuillez la coriandre et la menthe.
6. Au milieu d'une galette de riz, posez 2 crevettes, de la coriandre et de la menthe, un peu de vermicelles de soja, 3 bâtonnets de carottes et de radis noir, et des germes de soja.
7. Roulez un peu en serrant, puis rentrez les bords et continuez de rouler jusqu'au bout.
8. Recommencez avec les autres galettes de riz.
9. Servez frais avec la sauce.

Pico de gallo

Pour	Préparation	Réfrigération	Difficulté	Coût
4 personnes	**15 minutes**	**1 heure**	**Facile**	**Bon marché**

INGRÉDIENTS

4 tomates moyennes

1 poivron vert

1 oignon nouveau

1 bouquet de coriandre fraîche

½ citron

1 cuil. à soupe d'huile d'olive

Sel

1. Lavez et coupez les tomates en dés.
2. Lavez le poivron, coupez-le en deux, puis épépinez-le et enlevez la membrane blanche. Coupez la chair en petits dés.
3. Lavez et hachez finement l'oignon nouveau.
4. Hachez grossièrement la coriandre.
5. Pressez le demi-citron.
6. Mélangez tous les ingrédients dans un saladier, puis assaisonnez avec le jus du citron, l'huile d'olive et du sel.
7. Réservez 1 h au réfrigérateur pour que le *pico de gallo* soit bien frais.

Le grand festival du cru

On dévore tout cru sur toute la planète, mais pas n'importe quoi, et pas n'importe comment ! Qui mange quoi, où, pourquoi ? Mesdames et messieurs, bienvenue au Grand Festival international du pas-cuit ! Cette année, les sélectionnés pour notre grand prix sont...

L'ITALIE, AVEC *TUTTO CARPACCIO* !

Un chef : Giuseppe Cipriani. Une viande : le bœuf, coupé en tranches très fines, assaisonné d'huile d'olive et de citron. Créé en 1950, le carpaccio – du nom d'un peintre de la Renaissance – a fait recette et se décline aujourd'hui selon les envies : viandes diverses, légumes variés, avec ou sans parmesan... À vous de choisir !

LE JAPON, POUR *SUSHI ET COMPAGNIE* !

Sushi, maki, sashimi... Le Japon a conquis le monde entier par son art de découper et de préparer le poisson cru. Chacun peut s'y adonner en respectant quelques règles, excepté pour ce qui concerne le fugu : ce poisson peut s'avérer toxique, et il faut pour le préparer une licence spéciale accordée par le gouvernement japonais !

L'EUROPE DU NORD, POUR *HARENG* VERSUS *SAUMON* !

Hareng et saumon se livrent une bataille acharnée dans les cuisines, qu'ils soient séchés, marinés, rollmops ou gravlax – crus séchés dans du sucre, du sel et de l'aneth. Le nord de l'Europe n'a pas fini de titiller les papilles !

LES ÉTATS-UNIS ET LEUR *POKE BOWL À HAWAÏ* !

Encore du poisson cru, mais en salade, coupé en morceaux, originellement sans peau, désarêté et en filets. Servi avec du sel hawaïen, des algues et de la noix de *kukui* moulue grillée et rôtie : *so exotic*...

L'ASIE CENTRALE ET L'INCONTOURNABLE *TARTARE : LE RETOUR DE LA STEPPE* !

Non, même Gengis Khan n'avait pas les dents assez acérées pour mordre directement dans la cuisse de son cheval... Aussi ceux que l'on nommait les Tartares en Europe au Moyen Âge attendrissaient-ils préalablement la viande. Comment ? En la découpant finement, puis, recouverte de gros sel, en la plaçant... sous leur selle pour en évacuer le sang. Ne restait plus ensuite qu'à la déguster. Pratique, n'est-ce pas ?

L'AMÉRIQUE LATINE, POUR SON FAMEUX *LE CEVICHE EST SERVI* !

Du cru cuit, mais à froid, donc sans cuisson... Vous suivez ? Reprenons la base : du poisson cru ou des fruits de mer, marinés dans du jus de citron, dont l'acidité permet une « cuisson » à froid. Puis, par exemple pour un ceviche à la guatémaltèque, ajoutez sel, poivre, oignon, coriandre, ail et piment. Mais si c'est la Colombie qui vous attire, préférez à la place paprika, cumin et *merkén* !

RECETTES

LES SANDWICHS

Burger de pain bretzel

AUX FIGUES, JAMBON CRU ET BROCCIU

Pour **4 personnes**
Préparation **10 minutes**
Difficulté **Très facile**
Coût **Bon marché**

INGRÉDIENTS

4 pains bretzels
4 figues fraîches
4 tranches de jambon cru
100 g de brocciu
1 poignée de roquette
Graines de courge
Graines de sésame noir
Sel, poivre

1. Tranchez les pains en deux dans l'épaisseur.
2. Lavez et coupez les figues en rondelles épaisses.
3. Battez le brocciu à la fourchette pour le détendre, puis assaisonnez-le.
4. Tartinez les bases des pains de brocciu, puis déposez 1 tranche de jambon et des rondelles de figues sur chaque base.
5. Agrémentez de quelques feuilles de roquette préalablement lavées et de graines de courge et de sésame.
6. Refermez avec les chapeaux.

Club-sandwich

RADIS-ROQUETTE-CAROTTE

Pour	Préparation	Difficulté	Coût
1 personne	25 minutes	Facile	Bon marché

INGRÉDIENTS

3 tranches de pain de mie complet

100 g de fromage frais

1 carotte

6 radis

1 poignée de roquette

Sel, poivre

L'INDISPENSABLE

1 râpe à gros trous

1. Épluchez et râpez la carotte.
2. Lavez et coupez les radis en fines tranches.
3. Lavez et ciselez la roquette, et mélangez-la au fromage frais ainsi que la carotte. Assaisonnez.
4. Tartinez 2 tranches de pain du mélange. Disposez les rondelles de radis dessus.
5. Superposez ces tranches et refermez avec la dernière tranche de pain.
6. Pressez bien le sandwich, puis coupez-le en deux en diagonale.
7. Emballez les moitiés de sandwich dans du film alimentaire et réservez au frais.

Bagel au saumon fumé, CONCOMBRE ET RADIS ROSES

Pour	Préparation	Difficulté	Coût
4 personnes	15 minutes	Très facile	Bon marché

INGRÉDIENTS

4 pains à bagel au sésame

2 tranches de saumon fumé

½ concombre

4 radis

1 citron

Pour la sauce blanche :

100 g de fromage frais

5 cl de crème fraîche

Sel, poivre

L'INDISPENSABLE

1 mandoline

1. Préparez la sauce blanche : battez le fromage frais et la crème à la fourchette, puis assaisonnez.
2. Coupez les bagels en deux dans l'épaisseur et tartinez généreusement les bases avec la sauce blanche.
3. Pressez le citron, détaillez le saumon en lanières et arrosez-les de jus de citron.
4. Lavez et coupez le concombre et les radis en très fines tranches à la mandoline.
5. Disposez joliment ces ingrédients sur les bases.
6. Refermez les bagels avec les chapeaux.

ASTUCE

Pour ajouter un peu de piquant à votre bagel, ajoutez de fines lamelles d'oignon rouge.

Sandwich frais
À L'ITALIENNE

Pour	Préparation	Difficulté	Coût
2 personnes	**15 minutes**	**Très facile**	**Bon marché**

INGRÉDIENTS

1 baguette au pavot
4 cuil. à soupe de pesto vert
2 boules de mozzarella
50 g de parmesan
8 olives noires dénoyautées
4 tranches de jambon de Parme
4 tomates séchées
1 poignée de roquette
Huile d'olive

1. Fendez la baguette en deux.
2. Ouvrez la baguette et tartinez la base de pesto.
3. Tranchez finement la mozzarella.
4. Coupez de fines tranches de parmesan.
5. Coupez les olives noires en rondelles.
6. Sur toute la longueur de la baguette, déposez la mozzarella et le jambon.
7. Placez ensuite les tomates séchées, les olives, le parmesan et de la roquette préalablement lavée.
8. Arrosez d'un filet d'huile, fermez le sandwich, puis coupez-le en deux.

Boucheries générales

Pain au thon, à la pêche,

AU FROMAGE FRAIS ET AUX HERBES

Pour
4 personnes

Préparation
20 minutes

Difficulté
Très facile

Coût
Bon marché

INGRÉDIENTS

4 petits pains de campagne carrés

200 g de thon au naturel

1 pêche jaune

100 g de fromage frais

1 cuil. à soupe d'huile d'olive

Ciboulette

Persil

Sel, poivre

1. Émiettez grossièrement le thon.
2. Épluchez, coupez la pêche en deux et dénoyautez-la. Coupez-la en petits dés.
3. Lavez et ciselez très finement de la ciboulette et du persil.
4. Mélangez le tout dans un saladier avec le fromage frais et l'huile. Assaisonnez.
5. Tranchez les pains en deux dans l'épaisseur et retirez un peu de mie.
6. Répartissez la préparation dans les pains et refermez avec les chapeaux.

Club-sandwich

ÉPINARDS-JAMBON-COMTÉ

Pour
4 personnes

Préparation
15 minutes

Difficulté
Très facile

Coût
Bon marché

INGRÉDIENTS

8 tranches de pain de mie complet

8 feuilles d'épinards frais

4 tranches de jambon fumé

8 fines tranches de comté

Mayonnaise

L'INDISPENSABLE

1 grille-pain

1. Faites griller les tranches de pain au grille-pain.
2. Étalez un peu de mayonnaise sur toutes les tranches.
3. Lavez les feuilles d'épinards.
4. Sur une tranche de pain, déposez 1 feuille d'épinard, 1 tranche de comté, 1 tranche de jambon, 1 tranche de comté et 1 feuille d'épinard.
5. Refermez avec une tranche de pain.
6. Recommencez pour les autres sandwichs.
7. Coupez les sandwichs en quatre en diagonale.

ASTUCE
Maintenez les sandwichs avec des piques en bois.

LES 10 COMMANDEMENTS DU TOUT-CRU

tu respecteras

Manger cru permet une cuisine saine et riche en nutriments, mais cela ne va pas sans risques. Car seule la cuisson à température élevée permet d'éradiquer tous les germes, microbes et autres bactéries. Alors, que faire ? Pas de panique, voici nos 10 commandements, car à l'hygiène toujours attention tu prêteras !

1

Chez le boucher ta viande tu achèteras, qui devant toi la préparera. De même pour le poisson frais tu agiras.

Car dans la viande se cachent salmonelles, staphylocoques ou ténias. Quant au poisson, ses intestins abritent le vilain *Anisakis*. On s'assure donc que les poissons ont bien été éviscérés, et on demande à notre commerçant de les couper en fines lamelles plutôt qu'en cubes, histoire de voir qu'il ne reste personne là-dedans !

2

Le poisson cru surgelé tu préféreras.

La loi impose que les poissons destinés à être mangés crus (en sushis, sashimis, carpaccios, tartares...) ou peu transformés (fumés et/ou marinés) aient « subi un traitement de congélation dit assainissant (pendant un minimum de 24 heures à une température inférieure ou égale à – 20 °C ou pendant un minimum de 15 heures à une température inférieure ou égale à – 35 °C) ». Alors le poisson surgelé, normalement, en matière de déparasitage, c'est du tout cuit !

3

Dans un sac isotherme chez toi tes produits tu rapporteras et, s'ils sont frais, pendant 48 heures dans ton congélateur tu les placeras.

Tout simplement. Parce que, au-delà de 4 °C, la chaîne du froid est rompue (voir commandement n° 4) et que, si on a un doute sur la provenance de la viande ou du poisson, on s'occupe soi-même d'assainir tout ça.

4

La chaîne du froid jamais tu ne rompras.

Parce que le froid permet de conserver les qualités nutritionnelles des aliments, mais surtout parce qu'il limite, voire stoppe, la prolifération des micro-organismes qui peuvent être à l'origine d'intoxications alimentaires.

5

Pour les fruits et les légumes crus ton choix minutieusement tu feras.

On vérifie bien à l'achat qu'il n'y a ni insecte ni moisissure. Et on ne les range pas au fond de ses sacs, mais sur le dessus, pour ne pas les écraser. Une fois chez soi, on les range chacun dans un contenant, pour ne pas qu'ils s'abîment et se contaminent.

6

Dans les 12 heures après leur achat tes viandes et poissons crus tu consommeras.

Et après leur sortie définitive du congélateur, bien sûr. Attention, l'heure, c'est heure ! Idéalement, on prépare même tout de suite les aliments et on déguste dans la foulée ! Tic, tac...

7

Toujours avec soin tes mains tu laveras.

Quand il s'agit de mettre la main à la pâte, voilà qui doit être un réflexe ! Pour prévenir la contamination des aliments par les micro-organismes qui colonisent nos mains, mais aussi pour éviter notre propre contamination si on porte nos mains à la bouche après les avoir manipulés !

8

Tes ustensiles tu classeras.

Une planche pour la viande et les poissons crus, une autre pour les légumes propres et les ingrédients cuits. Ça ne va pas toujours de soi, pourtant, il est conseillé de s'équiper afin que les bactéries présentes en surface ne contaminent pas les différentes catégories d'aliments.

9

Tes ustensiles minutieusement tu nettoieras.

Entre chaque ingrédient qu'on découpe, on nettoie bien ses ustensiles. Mandoline, couteau, robot, râpe, peu importe, on frotte entre la poire et le fromage !

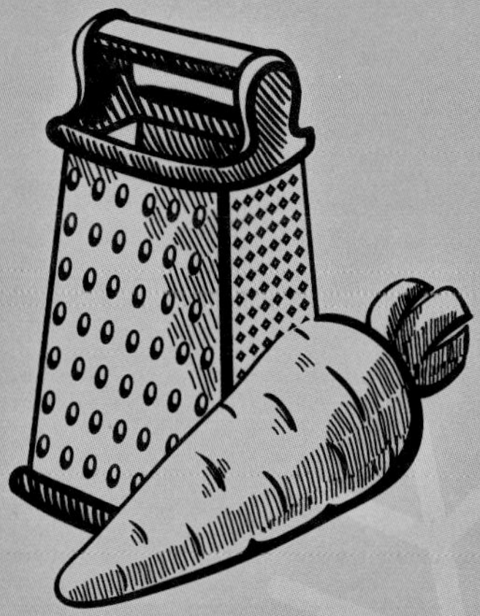

10

De même pour les fruits et légumes même bio tu agiras.

Sur les étals du marché ou dans les bacs du supermarché, bio ou pas bio, les fruits et légumes sont toujours exposés aux bactéries. D'autant que, pour juger de leur qualité, bon nombre de personnes les prennent en main avant de finalement les reposer… Alors, tout le monde à l'eau, bio ou pas bio !

RECETTES

LES DESSERTS

Tarte aux fraises

Pour **6 personnes**

Préparation **20 minutes**

Difficulté **Facile**

Coût **Bon marché**

INGRÉDIENTS

500 g de fraises

250 g de mascarpone

100 g de fromage frais

200 g de sablés ou de spéculoos

50 g de beurre mou

1 citron

60 g de sucre glace

1 sachet de sucre vanillé

LES INDISPENSABLES

1 mixeur
1 râpe
1 fouet à main
1 grand cercle à pâtisserie

1. Placez au frais le mascarpone et le fromage frais.
2. Réduisez les biscuits en poudre au robot avec le beurre, puis tassez la préparation dans le cercle à pâtisserie en la faisant légèrement remonter sur les bords.
3. Lavez et râpez finement le citron.
4. Fouettez le mascarpone, le fromage frais, les sucres et les zestes (après en avoir réservé un peu pour la décoration).
5. Lavez et équeutez les fraises, puis coupez-les en deux ou en quatre.
6. Répartissez la crème sur le fond de tarte, puis disposez joliment les fraises dessus.
7. Parsemez les zestes restants.
8. Placez au frais jusqu'au moment de servir.

ASTUCE

Pour qu'il soit plus facile à étaler ou à mélanger, sortez le beurre du réfrigérateur et laissez-le à température ambiante au moins 1 h 15.
Si vous manquez de temps, coupez un morceau de beurre et posez-le sur une assiette. Choisissez un récipient (verre, bol ou coupelle) juste assez grand pour couvrir le morceau de beurre, à la manière d'une cloche. Réchauffez ce récipient en le remplissant d'eau bouillante, puis videz-le et couvrez-en le beurre, qui va ramollir instantanément.

Salade d'agrumes AU MIEL

Pour	Préparation	Réfrigération	Difficulté	Coût
2 personnes	15 minutes	30 minutes	Très facile	Bon marché

INGRÉDIENTS

1 pamplemousse rose

1 orange

1 citron vert

1 cuil. à café d'eau de fleur d'oranger

1 cuil. à soupe de miel liquide

1 poignée de pistaches

1 pincée de baies roses

1. Pelez à vif le pamplemousse, l'orange et le citron vert en ôtant l'écorce et la peau blanche.
2. Découpez-les en tranches de 5 mm d'épaisseur.
3. Disposez joliment les agrumes sur un plat de service.
4. Nappez-les d'eau de fleur d'oranger et de miel.
5. Parsemez les fruits de pistaches et de baies roses concassées.
6. Laissez reposer au moins 30 min au réfrigérateur.
7. Dégustez bien frais.

Cheesecake
AU CITRON VERT

Pour	Préparation	Réfrigération	Difficulté	Coût
6 personnes	**50 minutes**	**6 heures**	**Facile**	**Bon marché**

INGRÉDIENTS

400 g de faisselle

250 g de sablés ou de gâteaux secs

70 g de beurre mou

1 sachet de gélatine en poudre

25 cl de crème liquide

120 g de sucre

3 cuil. à soupe de jus de citron vert

1 sachet de sucre vanillé

1 citron vert

LES INDISPENSABLES

1 mixeur
1 batteur électrique
1 moule à charnière
1 passoire

1. Enfermez la faisselle dans un linge fin, posez-la dans une passoire avec un poids dessus et laissez égoutter 2 h au frais.
2. Pendant ce temps, réduisez les biscuits en poudre au robot avec le beurre.
3. Étalez cette pâte du bout des doigts dans le moule à charnière huilé et réservez au frais.
4. Battez la gélatine dans 3 c. à soupe d'eau froide pendant 3 min pour la diluer.
5. Montez 20 cl de crème en chantilly bien ferme avec 20 g de sucre.
6. Mélangez le reste de crème avec la gélatine, le jus de citron vert, la faisselle, le reste de sucre et le sucre vanillé.
7. Incorporez délicatement la chantilly.
8. Remplissez le moule de la préparation, égalisez la surface avec une spatule humide et réservez 4 h au frais.
9. Démoulez le gâteau et décorez-le avec des zestes de citron vert préalablement lavé et quelques tranches du fruit.

ASTUCE
Pour monter une chantilly, la crème doit être entière (30 % de matière grasse minimum), car ce sont les gouttes de matière grasse qui emprisonnent les bulles d'air.

Gaspacho de fraises

PAR Margaux

Pour
4 personnes

Préparation
20 minutes

Difficulté
Très facile

Coût
Bon marché

INGRÉDIENTS

500 g de fraises bien mûres

1 citron

4 cuil. à soupe de sucre glace

1 pêche jaune ou **1** abricot

1 poire

4 tranches de pain d'épices

100 g de myrtilles

LES INDISPENSABLES

1 mixeur
1 tamis
4 verrines

1. Lavez et équeutez les fraises. Coupez-en quelques-unes en tout petits dés.
2. Pressez le citron et mixez le reste des fraises avec la moitié du jus de citron et le sucre glace.
3. Passez au tamis et versez le gaspacho dans des verrines. Réservez au frais.
4. Épluchez et coupez la pêche et la poire en tout petits dés.
5. Citronnez-les afin qu'ils ne s'oxydent pas.
6. Coupez également le pain d'épices en petits dés.
7. Déposez des myrtilles préalablement lavées et des dés de fruits et de pain d'épices sur les gaspachos avant de servir.

Tiramisu
AUX SPÉCULOOS

Pour	Préparation	Réfrigération	Difficulté	Coût
6 personnes	**25 minutes**	**2 heures**	**Facile**	**Bon marché**

INGRÉDIENTS

300 g de spéculoos
3 œufs
50 g de sucre roux
1 sachet de sucre vanillé
250 g de mascarpone
30 cl de café noir fort
1 cuil. à soupe d'amaretto
30 g de cacao non sucré

LES INDISPENSABLES

1 fouet à main
1 batteur électrique
6 verrines

1. Séparez les blancs des jaunes d'œufs. Fouettez les jaunes avec les sucres.
2. Ajoutez le mascarpone et mélangez.
3. Battez les blancs en neige, puis incorporez-les délicatement.
4. Mélangez le café noir et l'amaretto.
5. Réservez 6 spéculoos, trempez les autres dans le café (attention à ne pas les détremper) et déposez-les au fur et à mesure en couche dans les verrines.
6. Dans chaque verrine, ajoutez une couche de crème au mascarpone, puis une autre couche de biscuits imbibés et de nouveau une couche de crème.
7. Saupoudrez de cacao et réservez au moins 2 h au frais.
8. Au moment de servir, plantez un spéculoos dans chaque verrine.

ASTUCE
Ce dessert peut très bien se préparer la veille.

Salade de fruits
EXOTIQUES

Pour
4 personnes

Préparation
20 minutes

Difficulté
Facile

Coût
Moyen

INGRÉDIENTS

100 g de fraises (facultatif)

2 fruits du dragon

1 mangue

½ ananas

3 kiwis

L'INDISPENSABLE

1 mixeur

1. Lavez et équeutez les fraises, puis coupez-les en morceaux.
2. Coupez les fruits du dragon en deux et prélevez leur chair avec une cuillère. Découpez-la en cubes.
3. Coupez la mangue en deux, ôtez le noyau, puis coupez la chair en dés.
4. Pelez l'ananas, puis coupez-le en petits morceaux.
5. Pelez et découpez les kiwis en cubes.
6. Mixez la moitié de la mangue avec la moitié de l'ananas pour obtenir un coulis. Passez-le éventuellement au tamis pour le filtrer.
7. Dans un saladier, mélangez tous les fruits et nappez-les du coulis.

Yaourt glacé
À LA FRAMBOISE

Pour	Préparation	Congélation	Difficulté	Coût
4 personnes	**15 minutes**	**2 heures**	**Très facile**	**Bon marché**

INGRÉDIENTS

400 g de framboises

2 yaourts nature à 0 % de MG

LES INDISPENSABLES

4 coupes ou verrines
1 mixeur

1. Lavez les framboises, réservez-en une douzaine pour la présentation et mixez le reste avec les yaourts.
2. Versez cette préparation dans un récipient hermétique et mettez-la au congélateur pour 2 h.
3. Remuez rapidement la préparation à la fourchette toutes les 20 min, pour éviter que des cristaux ne se forment.
4. Servez dans des coupes ou des verrines, décorées des framboises réservées.

Gaspacho d'ananas

Pour	Préparation	Réfrigération	Difficulté	Coût
4 personnes	**15 minutes**	**2 heures**	**Très facile**	**Bon marché**

INGRÉDIENTS

1 ananas bien mûr

50 g de sucre de canne

Menthe

L'INDISPENSABLE

1 mixeur

1. Pelez l'ananas à vif en enlevant bien les yeux.
2. Coupez-le en deux et retirez le cœur (la partie dure au centre).
3. Coupez les trois quarts de l'ananas en gros morceaux.
4. Mixez-les avec le sucre et 20 cl d'eau glacée jusqu'à obtenir une soupe (il ne doit plus rester de morceaux). Versez dans un saladier.
5. Coupez le reste de l'ananas en petits dés.
6. Ciselez très finement de la menthe, puis ajoutez-la dans le saladier. Mélangez bien.
7. Réservez au moins 2 h au frais.
8. Au moment de servir, remplissez des bols de gaspacho et décorez avec les dés d'ananas et des feuilles de menthe.

Glace à la menthe
ET AU CHOCOLAT

Pour	Préparation	Congélation	Difficulté	Coût
4 personnes	**20 minutes**	**6 à 8 heures**	**Très facile**	**Bon marché**

INGRÉDIENTS

10 cl de sirop de menthe
50 g de chocolat noir
20 cl de crème liquide
2 blancs d'œufs

L'INDISPENSABLE

1 batteur électrique

1. Au moins 1 h à l'avance, mettez un saladier et les fouets du batteur au frais.
2. Montez la crème en chantilly ferme.
3. Battez les blancs d'œufs en neige ferme dans un autre saladier.
4. Ajoutez doucement le sirop de menthe aux blancs en neige. Le mélange doit devenir liquide et brillant.
5. Incorporez les blancs d'œufs à la menthe dans la chantilly avec une spatule.
6. Versez le mélange dans un récipient et placez 2 h au congélateur.
7. Pendant ce temps, râpez le chocolat en copeaux avec un Économe.
8. Sortez la glace du congélateur et ajoutez les copeaux de chocolat.
9. Remuez la glace à la fourchette et replacez 4 à 6 h au congélateur.

ASTUCE
Si vous avez une sorbetière, versez-y la chantilly à la menthe et laissez turbiner 25 min. Lorsque la glace est prise, ajoutez les copeaux de chocolat et remuez à la fourchette. Placez au congélateur.

Sorbet à la fraise

PAR colorado

Pour	Préparation	Congélation	Difficulté	Coût
6 personnes	**10 minutes**	**6 à 8 heures**	**Très facile**	**Bon marché**

INGRÉDIENTS

500 g de fraises bien mûres
10 cl de sirop d'agave
1 cuil. à soupe de jus de citron

LES INDISPENSABLES

1 mixeur
1 chinois

1. Lavez et équeutez les fraises. Mixez-les, puis passez-les au chinois pour retirer les pépins.
2. Mélangez le sirop d'agave et le jus de citron à la purée de fraises.
3. Versez le mélange dans un récipient et placez 2 h au congélateur.
4. Sortez la glace du congélateur et remuez-la à la fourchette.
5. Replacez la glace 4 à 6 h au congélateur.

ASTUCE
Avec une sorbetière, laissez prendre le mélange au moins 2 h avant de placer le sorbet au congélateur.

Carpaccio d'ananas
PARFUMÉ

Pour	Préparation	Réfrigération	Difficulté	Coût
8 personnes	**25 minutes**	**2 heures**	**Très facile**	**Moyen**

INGRÉDIENTS

1 ananas bien mûr

250 g de glace vanille

10 cl de sirop d'agave

1 cuil. à soupe de vanille liquide

2 cuil. à soupe de rhum blanc

1 citron vert

1 citron jaune

Baies roses

1. Pelez l'ananas à vif en enlevant bien les yeux.
2. Coupez-le en deux et retirez le cœur (la partie dure au centre).
3. Tranchez l'ananas le plus finement possible.
4. Disposez les tranches dans les assiettes.
5. Mélangez le sirop d'agave avec 20 cl d'eau, la vanille liquide et le rhum.
6. Versez ce sirop sur les tranches d'ananas.
7. Laissez macérer au moins 2 h au frais.
8. Au moment de servir, déposez une boule de glace au centre des assiettes.
9. Lavez et zestez très finement les citrons, puis décorez des zestes et de quelques baies roses.

ASTUCE
Pour trancher l'ananas, utilisez un couteau à lame fine ou une mandoline.